华中

优秀传统文化

Youxiu Chuantong Wenhua

国际版·第四级

主编：李 丁 吴明渠

中国华侨出版社

·北京·

图书在版编目（CIP）数据

中华优秀传统文化：国际版.第四级 / 李丁，吴明渠主编. — 北京：中国华侨出版社，2021.5

ISBN 978-7-5113-8235-1

Ⅰ.①中… Ⅱ.①李… ②吴… Ⅲ.①中华文化—通俗读物 Ⅳ.①K203-49

中国版本图书馆CIP数据核字（2020）第 121213 号

● **中华优秀传统文化：国际版.第四级**

主　　编 / 李　丁　吴明渠

责任编辑 / 高文喆　桑梦娟

封面设计 / 张雪梅

经　　销 / 新华书店

开　　本 / 787 毫米 × 1092 毫米　　1/16　　印张/ 6.5　　字数/ 68 千字

印　　刷 / 北京天正元印务有限公司

版　　次 / 2021 年 5 月第 1 版　　2021 年 5 月第 1 次印刷

书　　号 / ISBN 978-7-5113-8235- 1

定　　价 / 28.00 元

中国华侨出版社　　北京市朝阳区西坝河东里77号楼底商5号　　邮编：100028

法律顾问：陈鹰律师事务所

发行部：（010）64443051　　传　真：（010）64439708

网　　址：www.oveaschin.com　　E-mail：oveaschin@sina.com

如发现印装质量问题，影响阅读，请与印刷厂联系调换。

丛书编委会

顾　　问：罗晓辉　　陈来安（马来西亚）

主　　编：吴明渠

副 主 编：袁　文　　薛　涓　　杨　柳　　廖荣超　　吴天宇

本书编写组

主　　编：李　丁　　吴明渠

副 主 编：鄢　隽　　徐卫玺　　周吉群　　王功玉

编写人员：秦世松　　刘　刚　　黄建明　　刘　净　　唐新惠　　陈茜茜

　　　　　周　甜　　宋高睿　　王闻笛　　周　映　　王　雨　　袁　妍

　　　　　高永琼　　王　东　　林红霞　　冯云舟　　夏腕珠　　陈　妩

　　　　　曾　思　　苏　东　　杨晓慧

绘　　图：张晓军　　李　丽

前　言

中华文明是世界上最古老的文明之一，是人类历史上唯一一个绵延 5000 多年至今未曾中断的灿烂文明。为弘扬中华优秀传统文化，我们立足于海外读者的特殊情况和需要，精心选择内容、设计框架，编撰了"中华优秀传统文化·国际版"丛书，丛书具体有以下特点。

一、体系新颖，内容全面

整套丛书共六册。按难易程度划分为六个等级，一册书为一级。每册书又分为 16 章，每四章为一个主题。每章内容固定，包括"国学知识""美德故事""经典诵读""通关检测"四大版块。

1. 国学知识

了解是热爱的前提。我们在每一章给读者介绍一个或一类中华优秀传统文化的内容，具体包括中国风俗、风土、风景、风貌、物产、物品、人物、事件等。分为"神州大地""华夏名人""中华文明""九州风物"四个版块，包含了丰富有趣的传统文化知识，可以说是一个小小的中华优秀传统文化百科知识库。

2. 美德故事

中华传统美德是中华文化的重要内涵。中华文化中，尤其重视对人德行的培养。"德"是指意志品德，"行"是指言行举止。本套丛书中，我们从中华传统美德的内核中提炼出 24 个主题，每个主题分别安排四个有趣的故事，利用故事让读者潜移默化地感受和了解中华美德的魅力。

3. 经典诵读

在这个版块，我们选择适合海外读者诵读的、浅显且经典的诗文：第一级和第二级各有 16 首古诗。第三级为中国神话故事、寓言故事和历史典故。第四级为歇后语、谚语。第五级为《论语》名句积累，第六级为除《论语》以外的"四书五经"名句积累。这些内容将极大地丰富读者的中华文学经典积累。

4. 通关检测

通关检测则是对各章学习内容的一个检测，也是需要读者重点掌握的内容。

二、形式活泼多样，激发读者学习热情

1. 巧设评价，让学习有章可循

"通关检测"，设计了"猜一猜""填一填""连一连"等有趣的活动，对学过的知识进行复习回顾，实现迁移运用，把知识积累与能力培养相结合。

2. 增设故事、典故，增强阅读趣味性

故事，是大部分读者最喜欢的阅读形式，整套书有 100 多个有趣的小故事。大量的故事，增强了这套书的可读性、趣味性。

3. 抓住读者心理，设计温馨细节

这套书最大的一个亮点就是全书设计了 200 多个"剪贴板"，这些"剪贴板"既能对主体内容进行补充，又能更好地帮助读者理解内容。这些"剪贴板"形式多样，有提问，有方法，有总结，起到激发兴趣，促进学习的作用。

除了精美的插图，我们还温馨地设计了页码娃娃：单数页是男娃娃在左，双数页是女娃娃在右。契合了男单女双、男左女右的中华传统文化理念，活泼的形象更是受到孩子们的热烈欢迎。

此外，我们还在每册书最后增设了附录，补充了近 300 个各类传统文化知识，让学有余力的读者能获取更多的中华优秀传统文化知识，更加丰富读者的文化积淀。

中华优秀传统文化源远流长、博大精深，让中华文化走向世界舞台，促进世界多元文化交流互鉴，这是我们共同的心愿。

目　录

中华优秀传统文化：国际版·第四级

中华优秀传统文化·国际版·第四级

第一章

国学知识

神州大地

在中华大地上，除了无数的灵山秀水，还有数不清的名胜古迹。这些遗迹都是中国古代劳动人民智慧和汗水的结晶，历经千百年，仍熠熠生辉。

长 城

长城是中国古代为抵御外敌侵犯而修筑的军事要塞。它东起山海关，西至嘉峪关，全长约12600里，因此又被称为"万里长城"。长城不是一道单纯孤立的城墙，而是以城墙为主体，同大量的城、障、亭、标相结合的防御体系。因此长城的修建工程巨大，修筑难度高，是世界建筑史上一个伟大的奇迹。对于中国人来说，长城是意志、勇气和力量的标志，象征着中华民族伟大的力量。

长城修筑的历史可上溯到西周时期。周幽王"烽火戏诸侯"的典故就发生在长城之上。秦灭六国统一天下后，秦始皇连接和修缮战国长城，始有"万里长城"之称。明朝是最后一个大修长城的朝代，今天人们所看到的长城多是此时修筑。

在中国古代，跟长城一样具有抵御外敌、守卫防御功能的还有许多关隘。"关"的引申词义是指地势险要和交通要道上的防御设施。比如山海关、嘉峪关、玉门关等，它们在中国历史上留下了浓墨重彩的一笔。

中华优秀传统文化·国际版·第四级

故　宫

　　北京故宫旧称紫禁城，是中国明清两代的皇宫，曾有 24 位皇帝在此居住。故宫位于北京中轴线的中心，占地面积 72 万平方米，有大小宫殿 70 多座，房屋 9000 余间。北京故宫是世界上现存规模最大、保存最为完整的木质结构古建筑之一，也是世界上最大的宫殿建筑群。

　　北京故宫内的建筑分为外朝和内廷两部分。外朝的中心为太和殿、中和殿、保和殿，统称为三大殿，是国家举行大典礼的场所。内廷的中心是乾清宫、交泰殿、坤宁宫，统称后三宫，是皇帝和皇后居住的正宫。

　　1987 年，北京故宫被列为世界文化遗产，辟为"故宫博物院"。世界遗产组织对故宫的评价是："紫禁城是中国五个多世纪以来的最高权力中心，它以园林景观和容纳了家具及工艺品的 9000 个房间的庞大建筑群，成为明清时代中国文明无价的历史见证。"

　　北京作为中华人民共和国的首都，除了故宫之外，颐和园、天坛、圆明园等都是值得一去的地方。

中华优秀传统文化·国际版·第四级

美 德 故 事

守纪

守纪就是遵守纪律，一般指遵守各项规章制度。遵守纪律可以让我们做事更有规则，行为更文明，办事效率更高。

曹操割发代首

一次，曹操带领军队路过老百姓的农田，他命令官兵不准践踏麦田，否则要斩首处置。大家都遵守纪律，没人敢践踏麦子。可是，当曹操骑马通过时，田里突然飞出一只鸟儿，受到惊吓的马，飞奔着蹿进了农田，践踏了庄稼。按照规定，他应当被斩首示众。曹操要举刀自杀，部下们纷纷劝他。因事出偶然，并非本意，且丞相身负重任不能弃大业于不顾。于是，曹操拔剑割断自己的头发，说："我就割掉头发代替头吧！"

古人认为身体发肤都是从父母那里继承的，任何毁伤行为都是不孝的表现。而且中国古人最注重的就是"孝"这一品德，有"百善孝为先"的说法。由此可见，曹操割发代首，严于律己，以身作则，这是一种多么难能可贵的精神品质啊！

中华优秀传统文化：国际版·第四级

《孝经》里提出："身体发肤，受之父母，不敢毁伤，孝之始也。"这就是告诉我们，要爱惜自己的身体，不要受伤，让父母担心。

歇后语是劳动人民在日常生活中累积并创造出来的一种特殊语言形式，是一种短小、风趣、形象的语句。它由前后两部分组成：前一部分起"引子"作用，像谜面，通常说出前半截，稍微"歇"一下，就可以猜出它的本意。后一部分起"后衬"的作用，像谜底。歇后语也叫俏皮话，可以看成一种文字游戏，可有趣啦！

★ 王八吃秤砣——铁了心

【释义】本意指王八吃下了秤砣，心变成了铁的。指拿定了主意，不再改变。

例句：你是王八吃秤砣——铁了心，非要和我对着干吗？

★ 芝麻开花——节节高

【释义】本意指芝麻开的花是一节接一节的高，比喻学业日益有成，职位总在升高或生意蒸蒸日上等等。

例句：我祝愿你能在新的工作岗位上芝麻开花——节节高。

★ 竹篮打水——一场空

【释义】用竹篮打水，水会从缝隙中流走，所以是白费功夫。比喻花了时间、精力或吃了苦头，到头来什么也没得到。

例句：为了这件事他是费尽心机，到头来竹篮打水——一场空，什么也没得到。

★ 板上钉钉儿——跑不了

【释义】在板子上钉上钉子，比喻事情已有了着落和把握。

例句：既然你爸爸妈妈都同意让你去学画画了，那就是板上钉钉儿——跑不了的事了，你还有什么不放心的呢？

1. 中国万里长城全长约（　　）里。

A. 12600　　　B. 1260　　　C. 10000　　　D. 1000

2. 长城东至（　　），西至嘉峪关。

A. 玉门关　　　B. 娘子关　　　C. 山海关　　　D. 函谷关

3. 北京故宫以前又叫（　　）。

A. 颐和园　　　B. 紫禁城　　　C. 圆明园　　　D. 天坛

4. （　　）是世界上最大的宫殿建筑群。

A. 冬宫　　　B. 白宫　　　C. 白金汉宫　　　D. 故宫

5. 连一连。

王八吃秤砣　　　　　　　一场空

芝麻开花　　　　　　　　节节高

竹篮打水　　　　　　　　铁了心

板上钉钉儿　　　　　　　跑不了

中华优秀传统文化·国际版·第四级

第二章

国学知识

神州大地

丽江古城

　　丽江古城位于中国云南省丽江市古城区，又名大研镇。丽江古城始建于宋末元初（公元 13 世纪后期），地处云贵高原，面积为 7.279 平方千米。

　　丽江古城内的街道依山傍水修建，以红色角砾岩铺就，有四方街、木府、五凤楼等景点。丽江是中国以整座古城申报世界文化遗产获得成功的两座古城之一。

　　丽江古城体现了中国古代城市建设的成就，是中国民居中具有鲜明特色和风格的类型之一。以水为核心的丽江古城因水的活用而呈现特有的水巷空间布局。桥梁密集是丽江古城最大的特色。在外部造型与结构上，古城民居大多为土木结构，并糅合多种建筑的技艺，形成了向上收分土石墙、迭落式屋顶、小青瓦、木构架等建筑手法，在建筑布局形式、建筑艺术手法等方面形成了独特的风格。

中
华
优
秀
传
统
文
化
：
国
际
版
·
第
四
级

曲阜"三孔"

中国山东曲阜的孔府、孔庙、孔林，统称曲阜"三孔"，是中国历代纪念孔子、推崇儒学的表征，以丰厚的文化积淀、悠久历史、宏大规模、丰富文物珍藏，以及科学艺术价值而著称。

孔庙是以孔子的故居为庙，以皇宫的规格而建，是中国三大古建筑群之一，在世界建筑史上占有重要地位。现存孔庙占地 327.5 亩（大约 218333.33 平方米），建筑物 466 间，前后有九进院落，纵向轴线贯穿整座建筑，左右对称，布局严谨，气势宏伟。

孔庙的东侧是孔府，也称衍府，是孔子嫡长孙世袭的府第。始建于宋代，经历代不断的扩建，形成现在的规模。占地 200 余亩，有房舍 480 余间。

孔林又称至圣林，在曲阜城北门外，占地 3000 多亩，周围砖砌林墙长达 14 里，是孔子和他的后代子孙们的家族墓地。四周建筑墙环绕，园内古木参天，茂密幽深。

孔子是世界上最伟大的哲学家之一，中国儒家学派的创始人。在 2000 多年漫长的历史长河中，儒家文化逐渐成为中国的正统文化，并影响到东亚和东南亚各国，成为整个东方文化的基石。

中华优秀传统文化·国际版·第四级

诸葛亮挥泪斩马谡

中华优秀传统文化·国际版·第四级

　　三国时期，有一次蜀国的诸葛亮与魏国的司马懿在街亭对战。一个叫马谡的将军自告奋勇要出兵镇守街亭。诸葛亮虽有担心，但马谡表示愿意立军令状，若失败就处死全家。诸葛亮见他意志坚定，才勉强同意他出兵，并指派王平随行。

　　出发前，诸葛亮反复交代马谡安置完营寨后须立刻汇报，有事与王平商议，马谡一一答应。

　　可军队到了街亭，马谡完全不按诸葛亮的指令行事，也不听王平的建议，执意将兵营扎在山上，而且也没有遵守约定将安营的阵图送回本部。司马懿进攻街亭后，围兵在山下，切断粮食及水的供应。马谡兵败如山倒，重要据点街亭因此失守。

　　事后，诸葛亮为维持军纪挥泪斩了马谡，并自请处分，降职三等。

西汉刘安主持撰写的《淮南子·诠言训》里有这样一句话：矩不正，不可以为方；规不正，不可以为圆；身者，事之规矩也。未闻枉己而能正人者也。意思是说：画方形的矩尺不正，是画不好方形的；画圆形的圆规不精确，便无法画出标准的圆形；人自身好比是做事的规矩。不曾听说自己弯曲而能使别人端正的情况。

经典诵读

歇后语

★ 泥菩萨过河——自身难保

【释义】本意是泥塑的菩萨在水中会被浸坏，比喻连自己也保不住，更顾不上帮助别人。

例句：他尽管是泥菩萨过河——自身难保，也一直都在想方设法要将其他人救出来。

★ 肉包子打狗——有去无回

【释义】本意拿肉包子打狗，狗一定将包子吃掉。比喻有去无回。

例句：借钱给没有信用的人，就是肉包子打狗——有去无回。

★ 张飞穿针——大眼瞪小眼

【释义】张飞眼大，在《三国演义》中他是"豹头环眼"，而针眼极小，故为"大眼瞪小眼"。比喻面面相觑、目瞪口呆的样子。

例句：听完他说的话，我们真是张飞穿针——大眼瞪小眼，云里雾里的。

中华优秀传统文化：国际版·第四级

★ 六月天借扇子——不识时务

【释义】本意六月天正是用扇子的时候，不宜向人借。比喻认不清当前的重大事情或客观形势，只考虑自己。

例句：准备高考的紧要关头，你问别人借复习资料，真是六月天借扇子——不识时务。

通关检测

1. 曲阜"三孔"包含（　　）（　　）（　　）。

2. 丽江古城以（　　）为核心进行空间布局。
A. 水　　　B. 花　　　C. 路　　　D. 山

3. 连一连。

泥菩萨过河　　　　　　大眼瞪小眼
肉包子打狗　　　　　　不识时务
张飞穿针　　　　　　　自身难保
六月天借扇子　　　　　有去无回

第三章

都江堰

都江堰位于四川省成都市都江堰市（古称灌县）城西的岷江之上，是一座2000多年前由秦国蜀郡太守李冰父子主持修建的集防洪、灌溉、航运为一体的综合水利工程。整个都江堰由分水鱼嘴、飞沙堰、宝瓶口等部分组成，是全世界迄今为止修建年代最久的，却一直在使用的，以无坝引水为特征的宏大水利工程。

都江堰是中国古代劳动人民勤劳、勇敢、智慧的结晶。正是有了都江堰的灌溉，才成就了成都平原"天府之国"的美誉。古老的都江堰水利工程被誉为"世界水利文化的鼻祖"。2000多年前，都江堰取得这样伟大的科学成就，世界绝无仅有，它至今仍是世界水利工程的最佳作品。

在中国几千年的文明发展过程中，勤劳、勇敢、智慧的中国人民同江河湖海进行了艰苦卓绝的斗争，修建了无数大大小小的水利工程，有力地促进了农业生产。中国除了都江堰，还有灵渠、京杭大运河、坎儿井、永济渠等伟大的水利工程。

乐山大佛

乐山大佛，地处中国四川省乐山市，濒岷江、青衣江和大渡河三江汇流处，与乐山城隔江相望。它是依凌云山栖霞峰临江峭壁凿造的一尊大佛，始凿于唐开元元年（713年），历时90余年方建成，建高71米，有"山是一尊佛，佛是一座山"之称，是世界上最大的石刻大佛。

乐山大佛头与山齐，足踏大江，双手抚膝，大佛体态匀称，神势肃穆，依山凿成，临江危坐。大佛通高71米，头高14.7米，头宽10米，发髻1051个，耳长7米，鼻长5.6米，眉长5.6米，嘴巴和眼长3.3米，颈高3米，肩宽24米，手指长8.3米，从膝盖到脚背28米，脚背宽8.5米，脚面可围坐百人以上。

四川省位于中国大陆西南腹地，自古就有"天府之国"之美誉。这里历史悠久，文化灿烂，自然风光绚丽多彩，除了九寨沟、稻城亚丁、都江堰、乐山大佛，还有峨眉山、三星堆、金沙遗址、武侯祠、杜甫草堂、宽窄巷子等享誉世界的旅游景区。

美德故事

守纪

不守纪律的小雁

天气凉了，一群大雁往南飞。它们一会儿排成"一"字，一会儿排成"人"字。它们一块儿飞行，一块儿休息，一刻也不分离，就像一支纪律严明的军队。夜幕降临，雁群睡觉时，总有一只大雁去放哨，防备敌人的突然袭击。

雁群里有一只小雁，它一路上跟着妈妈。妈妈再三叮嘱它，要遵守纪律，掉队是非常危险的，但是小雁满不在乎。

一天黄昏，小雁心不在焉地跟着队伍。不知不觉，它和队伍走散了。等它察觉时，天已经渐渐黑了，长途的飞行让它筋疲力尽。它落到地上，试图舒舒服服地睡一觉。可是谁来放哨呢？说不定会有其他野兽出没。黑暗中它又困又害怕，伤心地哭了起来。此刻，它懊悔极了：它不该不听妈妈的劝告，不遵守纪律太危险了，只有在集体里，才是最安全的。

中华优秀传统文化·国际版·第四级

中国有句名言：不以规矩，不成方圆。这句话的意思就是我们要遵守规章制度。

经典诵读

歇后语

★ 飞机上点灯——高明

【释义】本意飞机上（高），点灯（明）。指见解独到不同凡人，或技艺高超。具有独到见解，高超技艺的人。

例句：他提前做了这些细致安排，真是飞机上点灯——高明。

★ 三九天吃冰棒——寒了心

【释义】本意在冬天吃冰棒，一直凉到心。比喻失望而痛心。

例句：被自己信任的人诋毁时，就像三九天吃冰棒——寒了心。

★ 外甥打灯笼——照旧（舅）

【释义】本意外甥打着灯笼，自然是给舅舅照亮。"舅"与"旧"谐音。比喻没有任何变化。

例句：已经因为上学迟到的事批评他好几次了，可他还是外甥打灯笼——照旧（舅）。

1. 都江堰位于（　　）都江堰市（古称灌县）城西的岷江之上。
A.山东省　　　B.四川省　　　C.河南省　　　D.云南省

2. （　　）是迄今为止全世界修建年代最久，却一直在使用的水利工程。
A.灵渠　　　B.京杭大运河　　　C.都江堰　　　D.郑国渠

3. 连一连。

飞机上点灯　　　　　　　高明

三九天吃冰棒　　　　　　寒了心

外甥打灯笼　　　　　　　照旧（舅）

中华优秀传统文化·国际版·第四级

第四章

国学知识

神州大地

兵马俑

　　1974 年，在中国陕西省临潼县骊山镇西杨村发现一处地下建筑，这里埋藏着约 8000 件陶制车马和人俑，还有实用兵器上万件。这一发现震惊了世界，这就是被称为"世界第八大奇迹"的秦始皇陵兵马俑。先后有 200 多位外国元首和政府首脑参观访问这里，兵马俑成为中国古代辉煌文明的一张金字名片，被誉为世界十大古墓稀世珍宝之一。

　　秦兵马俑场面宏大，威风凛凛，展现了秦军的编制、武器的装备和古代战争的阵法。秦兵马俑皆仿真人、真马制成。他们个个栩栩如生，体格魁伟，体态匀称。在出土的兵马俑中，根据他们的穿着、动作，分为车士、立射俑、跪射俑、武士、军吏俑、骑兵俑等。

　　中华文明源远流长，中国古代墓葬一般具有较高的历史研究价值。陵墓往往又充满传奇色彩，除了秦始皇陵，还有马王堆汉墓、明十三陵、大清皇陵等无不充满传奇故事。

中华优秀传统文化·国际版·第四级

嵩山少林寺

嵩山少林寺位于河南省登封西北 13 千米的中岳嵩山南麓，地处中原腹地，与古都洛阳隔山相望。少林寺背依五乳峰，周围山峦环抱、峰峰相连、错落有致，形成了少林寺的天然屏障。嵩山东为太室山，西为少室山，各拥三十六峰，峰峰有名，寺处少室山脚密林之中，故名少林寺。少林寺是中国佛教禅宗祖庭，有"天下第一名刹"之誉。

少林功夫是汉族武术中体系最庞大的门派。武功套路 700 种以上，又因以禅入武、习武修禅，又有"武术禅"之称。少林寺武艺高超，享誉海内外，"少林"一词成为汉族传统武术的象征之一，如金庸小说中的"六大门派"即为"少林、武当、昆仑、峨眉、华山、崆峒"，其中少林位居第一门派。

中华优秀传统文化：国际版·第四级

中国著名的佛教寺院还有：洛阳白马寺、杭州灵隐寺、苏州寒山寺、开封大相国寺等。

孙武练兵

为了考察孙武练兵的能力，吴王拨了100多名宫女给孙武，让他模拟演练。

孙武把宫女编成两队，并选用了吴王的两位宠妃当队长，告诫她们"军令如山、不可违背"。宫女们却不以为然，一个个嘻嘻哈哈。孙武接连两次警告无效，便下令把队长拖出去斩首示众，理由是"队长不守军纪"。吴王听说要斩他的宠妃，急忙求情，但是孙武说："她们既然是我的士兵，就必须遵守军队的规定，军令如山，军纪面前法不容情。"

吴王也无可奈何，只好眼看着两位宠妃被斩首。宫女们见孙武说一不二，都吓得脸色发白。后来训练时，再没人敢开玩笑了。

军人以服从为天职，对长官的命令是不可随意违抗的，所谓"军令如山"就是这个道理。

中华优秀传统文化·国际版·第四级

★ 太平洋的警察——管得宽

【释义】太平洋：世界上最大的大洋。在太平洋上当警察，职权范围大得很，故为"管得宽"。比喻人爱管事，该管不该管的事都要管。

例句：他虽然老说邻居大爷是太平洋上的警察——管得宽，可这场大火要不是大爷先发现，可就出大事了。

★ 铁打的公鸡——一毛不拔

【释义】指某人很小气，像一个铁公鸡一样，一根毛都不给。

例句：他真是铁打的公鸡——一毛不拔。

★ 过河的卒子——有进无退

【释义】象棋规则中卒子只能向前，不能后退。指人做某事只能继续做下去，不能退缩走回头路。

例句：如今我是骑虎难下，真是过河的卒子——有进无退。

★ 梁山的军师——无（吴）用

【释义】吴用是梁山农民起义军的军师，"吴"与"无"谐音。形容人无能，没有本事。

例句：公共汽车在山路边抛锚了，我想帮着司机师傅修车，但没有技术，我这真是梁山的军师——无（吴）用。

通关检测

1. （　　）被称为"世界第八大奇迹"。
A. 亚历山大灯塔　　　B. 秦始皇陵兵马俑
C. 金字塔　　　　　　D. 长城

2. 秦始皇陵兵马俑位于中国（　　）。
A. 四川省　　B. 湖北省
C. 山西省　　D. 陕西省

3. 连一连。

太平洋的警察　　　　无（吴）用
铁打的公鸡　　　　　有进无退
过河的卒子　　　　　一毛不拔
梁山的军师　　　　　管得宽

第五章

在中华民族 5000 年历史长河中，涌现出无数的文学家，他们和他们的作品，让中华民族的血脉里都充满诗歌的情怀。

屈 原

中国传统节日端午节是为了纪念一个人，他就是中国历史上伟大的爱国诗人，中国浪漫主义文学的奠基人——屈原。

屈原少年时受过良好的教育，博闻强识，志向远大。后因遭贵族排挤诽谤，屈原先后被流放。楚国郢都被秦军攻破后，屈原自沉于汨罗江，以身殉国。屈原死后，楚国百姓哀痛异常，纷纷涌到汨罗江边凭吊屈原。百姓们拿出为屈原准备的饭团、鸡蛋等食物丢进江里。后来怕饭团为蛟龙所食，人们想出用楝树叶包饭，外缠彩丝。这些饭团后来发展成今天的粽子。

屈原是"楚辞"的创立者和代表作家，开辟了"香草美人"的传统，被誉为"辞赋之祖""中华诗祖"。屈原作品的出现，标志着中国诗歌进入了一个由集体歌唱到个人独创的新时代。其主要作品有《离骚》《九歌》《九章》等。

1953 年，在屈原逝世 2230 周年之际，世界和平理事会通过决议，确定屈原为当年纪念的世界四大文化名人之一。

中华优秀传统文化·国际版·第四级

廉洁

廉洁往往和"两袖清风"这个成语联系在一起。"两袖清风"就是指做官廉洁，不贪赃枉法，严于律己。

以廉为宝

春秋时期，宋国司城子罕为人清正廉洁，受人爱戴。有人得到一块宝玉，便托人送去献给子罕。子罕拒不接受，说："您以宝玉为宝，而我以不贪为宝。如果我接受了您的玉，那我俩就都失去了自己的宝物。倒不如我们各有其宝呢？"

这就是著名的"以廉为宝"的故事。

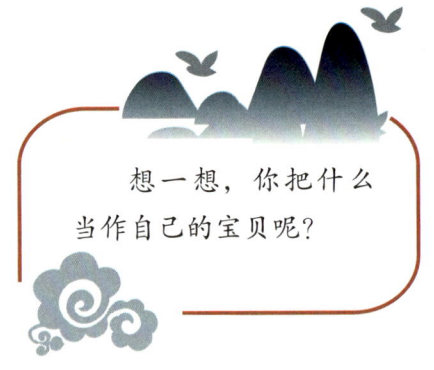

想一想，你把什么当作自己的宝贝呢？

宋人或得玉

宋人或得玉，献诸子罕。子罕弗受。献玉者曰："以示玉人，玉人以为宝也，故敢献之。"子罕曰："我以不贪为宝，尔以玉为宝，若以与我，皆丧宝也。不若人有其宝。"

——《左传·襄公十五年》

中华优秀传统文化：国际版·第四级

★ 门缝里看人——把人看扁了

【释义】透过门缝看人，比喻看不起人的意思。

例句：我这次比赛一定能行，你可别门缝里看人——把人看扁了。

★ 千里送鹅毛——礼轻情意重

【释义】出自宋·欧阳修《梅圣俞寄银杏》："鹅毛赠千里，所重以其人。"后来，成语用来比喻礼物虽然微薄，却含有深厚的情谊。

例句：过生日，福建的表哥寄来一张贺卡，我非常感动，正所谓千里送鹅毛——礼轻情意重！

★ 九毛加一毛——时髦（十毛）

【释义】九毛加上一毛等于十毛，取谐音"时髦"，形容人时尚。

例句：你这样穿衣服真是九毛加一毛——时髦（十毛）呀！

★ 小葱拌豆腐——一清（青）二白

【释义】青色的葱，白色的豆腐，拌在一起，不就是一"青"二白吗？常常形容人两袖清风、为人廉洁。

例句：做官就应该廉洁奉公，如同小葱拌豆腐——一清（青）二白。

1. 中国传统节日端午节是为了纪念（　　）。
A. 李白　　　B. 杜甫　　　C. 屈原　　　D. 孔子

2. 屈原是"（　　）"的创立者和代表作家，其主要作品有《离骚》《九歌》《九章》等。
A. 楚辞　　　B. 汉赋　　　C. 唐诗　　　D. 宋词

3. 连一连。

门缝里看人　　　　　　　时髦（十毛）
千里送鹅毛　　　　　　　一清（青）二白
九毛加一毛　　　　　　　把人看扁了
小葱拌豆腐　　　　　　　礼轻情意重

第六章

国学知识

华夏名人

曹 植

　　曹植，字子建，是曹操与卞夫人的第三个儿子。南北朝时期，文学家谢灵运曾说"天下才有一石，曹子建独占八斗"！斗和石都是古代的容量单位，一石有十斗。谢灵运赞扬曹植才华横溢，后来人们便用"才高八斗"来形容人很有才华。曹植是三国时期著名文学家，是建安文学的代表人物之一与集大成者。在两晋南北朝时期，他被推尊到文章典范的地位。

　　魏文帝曹丕妒忌弟弟曹植的才学，命曹植在七步之内作出一首诗，否则就要处死他。而且曹丕对诗作了严格要求：诗的主题必须为兄弟之情，但是全诗又不可包含兄弟二字。曹植走了不到七步便吟出："煮豆持作羹，漉菽以为汁。萁在釜下燃，豆在釜中泣。本自同根生，相煎何太急？""萁"是指豆茎，晒干后用来作为柴火烧。萁燃烧煮熟的正是与自己同根而生的豆子，比喻兄弟自相残害，实有违天理。

　　曹植的代表作有《七哀诗》《洛神赋》《白马篇》等。后人因其文学上的造诣将他与曹操、曹丕合称为"三曹"。

中华优秀传统文化·国际版·第四级

美德故事

廉洁

羊续悬鱼

东汉时，羊续时任南阳太守，他为官廉洁、生活朴素，憎恶官僚权贵贪污腐败。

府丞焦俭是他的下级，为人也很正派，与羊续私交不错。他听说羊续喜欢吃鱼，又深知羊续清廉，就只买了一条鱼送给羊续。怕羊续拒收，就笑着说："大人，这是此地有名的'三月望饷鲤鱼'。平时您把我当作兄弟，所以这条鱼只是小弟对兄长的一点敬意。您知道，我绝非阿谀逢迎之辈，还请您尝尝！"羊续见焦俭这么说，觉得不收下倒是见外了，于是笑着收下了。等焦俭走后，羊续就把这条鱼挂在室外，不再碰它。

来年三月，焦俭又买了一条鲤鱼，心想一年送一条不算什么吧，知道买多了，羊续不会要。到羊续府上，焦俭刚说明来意。羊续便指着那条干枯的"三月望饷鲤鱼"，说："你去年送的还在这里呢！"焦俭愣住了，摇摇头叹息带着活鱼转身离开了。

明朝著名大臣于谦曾经写过一句诗：清风两袖朝天去，免得闾阎话短长。你怎么理解这句诗？

★ 四月的冰河——开动（冻）了

【释义】四月正值春暖花开、冰雪融化之际，四月的河水在春天开始流动。"开冻"二字的谐音是"开动"，一语双关，非常俏皮。

例句：经过老师的耐心讲解，我这脑子算是四月的冰河——开动（冻）了。

★ 孔夫子搬家——净是输（书）

【释义】孔子是中国伟大教育家，他满腹经纶，学富五车。因此如果孔子搬家的话，书就占了绝大部分。这句歇后语是取"书"和"输"的谐音，指的是一直在输，没有赢过。

例句：今天这场围棋比赛，我是孔夫子搬家——净是输（书），状态太差啦！

★ 猪八戒照镜子——里外不是人

【释义】字面意思是：镜子里面和外面都是猪八戒，都不是"人"。比喻做事两面不讨好，到处都受人埋怨。

例句：本来是一片好心，他这么一说，搞得我猪八戒照镜子——里外不是人。

★ 青菜煮豆腐——没什么油水

【释义】青菜和豆腐一起煮都是蔬菜，清清白白，没有油水。常常被比喻做某件事没什么好处或者没有回报。

例句：做官员在哪里都是为人民服务的，哪能考虑青菜煮豆腐——没什么油水呀！

1. "才高八斗"这个成语最初形容的是（　　）。
A. 李白　　　B. 杜甫　　　C. 屈原　　　D. 曹植

2. 曹植是（　　）的儿子。
A. 曹操　　　B. 曹丕　　　C. 曹冲　　　D. 曹昂

3. 连一连。

四月的冰河　　　　　　里外不是人

孔夫子搬家　　　　　　净是输（书）

猪八戒照镜子　　　　　开动（冻）了

青菜煮豆腐　　　　　　没什么油水

第七章

国学知识

华夏名人

陶渊明

中国第一位田园诗人是晋朝的陶渊明。陶渊明，字元亮，晚年更名潜，字渊明，别号五柳先生。陶渊明曾任江州祭酒、建威参军、彭泽县令等职，出任彭泽县令80多天便弃职而去，从此归隐田园。

据《晋书》记载，陶渊明受命担任彭泽县令。冬天，郡太守派出督察组巡视彭泽，唤陶渊明来见。陶渊明平时就很厌烦这种事，不愿面对这些人，勉强起身去见。这时，身边的干事提醒他，见上司得穿官服、整肃衣带，否则有失体统。陶渊明一听，更不耐烦了，索性转身回县衙，说出了那句流传至今的话："吾不能为五斗米折腰，拳拳事乡里小人邪！"随后取出官印，封好，附一封辞职信——《归去来兮辞》，交给干事，然后归隐田园。

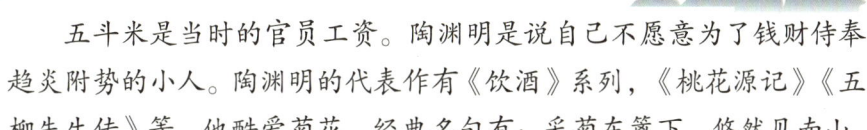

五斗米是当时的官员工资。陶渊明是说自己不愿意为了钱财侍奉趋炎附势的小人。陶渊明的代表作有《饮酒》系列，《桃花源记》《五柳先生传》等。他酷爱菊花，经典名句有：采菊东篱下，悠然见南山。

中华优秀传统文化·国际版·第四级

美德故事

廉洁

白居易怒打行贿人

赵乡绅和李财主为争夺一块地跑到县衙打官司。为了能打赢官司，他们纷纷动起了歪脑筋。赵乡绅买了一条大鲤鱼，在鱼肚中塞满银子送到白居易府上；李财主挑了个大西瓜，掏出瓜瓤，也塞满银子送到白居易府上。两份"重礼"让白居易沉默了。

公开审案的日子到了，县衙门外挤满了看热闹的百姓。升堂后，白居易问道："你们谁先讲？"赵乡绅抢着说："大人，我的理（鲤）长，我先讲。"李财主忙说："我的理（瓜）大，我先讲。"白居易脸色一沉说："什么理长理大？成何体统！"赵乡绅以为县太爷忘了自己送的礼，连忙说："大人息怒，小人是个愚（鱼）民啊！"白居易微微一笑说："本官一清二楚，不必拐弯抹角地提醒！来人！把贿赂之物取来示众。"

衙役取来鲤鱼和西瓜，银子一抖而出，听审者一片哗然。白居易厉声喝道："大胆刁民！公然贿赂本官，按大唐律法各打四十大板！"众百姓无不拍手称快，纷纷赞叹白居易真是个公正廉洁的好官！

中国还有"吃人嘴软，拿人手短"的俗语，意思就是说吃了人家的好处，就要替别人说话；拿人家的东西，就不能再对人家动手动脚了。引申义就是：收了别人的好处就得帮别人办事。而当官最重要的就是公正，自古以来，中国官员最重要的品质就是"廉洁"。

中华优秀传统文化·国际版·第四级

★ 孔夫子的徒弟——闲（贤）人

【释义】相传孔夫子共有学生3000人，其中比较突出的有72人，称为贤人。"贤"与"闲"谐音。指没有事情做的人，或与正事无关的人。有时含有多余的意思。

例句：张老三在家里什么也不干，就是孔夫子的徒弟——闲（贤）人一个。

★ 上鞋不用锥子——真（针）好

【释义】"上鞋"是传统的手工做鞋的一道工序。就是把已经做好的鞋帮和鞋底缝到一起，由于鞋底太厚，针扎不进去，所以都是先用锥子钻上小孔，才能穿针过线。如果不用锥子上鞋，那就是针（真）好。

例句：这个品牌的产品质量，那是上鞋不用锥子——真（针）好！

★ 干打雷不下雨——虚张声势

【释义】干打雷不下雨就是虚张声势的意思，是假装出强大的气势。指假造声势，借以吓人。

例句：家里的狗狗总是调皮乱咬东西，每次爸爸都对着狗狗说要狠狠打它一顿，但从来没有行动，这分明就是干打雷不下雨——虚张声势。

★ 猪鼻子里插葱——装相（象）

【释义】猪鼻子里插了比较长的葱，看起来鼻子长了，像大象的鼻子了，其实它还是猪鼻子。讽刺那些装模作样的人。

例句：这个问题他不会，却要装作很懂的样子。分明就是猪鼻子插葱——装相（象）。

1. 中国第一位田园诗人是（　　　）。

A. 李白　　　B. 杜甫　　　C. 陶渊明　　　D. 王维

2. "采菊东篱下，悠然见南山"是（　　）写的。

A. 曹操　　　B. 李白　　　C. 陶渊明　　　D. 苏轼

3. 连一连。

孔夫子的徒弟　　　　　　虚张声势

上鞋不用锥子　　　　　　装相（象）

干打雷不下雨　　　　　　闲（贤）人

猪鼻子里插葱　　　　　　真（针）好

第八章

李　白

　　有人曾这样说：只要有华夏文化的地方，就有李白的诗词。只要是中国人，都会背两首李白的诗。李白，字太白，号青莲居士，是唐代伟大的浪漫主义诗人，被后人誉为"诗仙"。李白为人爽朗大方，爱饮酒作诗，喜交友，有《李太白集》传世，诗作多是在醉时写的，代表作有《望庐山瀑布》《行路难》《蜀道难》《将进酒》《早发白帝城》等。

　　李白的诗雄奇飘逸，艺术成就极高。他的诗大多为描写山水和抒发内心情感的，具有"笔落惊风雨，诗成泣鬼神"的艺术魅力。李白讴歌祖国山河与美丽的自然风光，风格雄奇奔放，俊逸清新，富有浪漫主义色彩，达到了内容与艺术的统一。李白诗中常将想象、夸张、比喻、拟人等手法综合运用，从而造就神奇异彩、瑰丽动人的意境，这就是李白的诗作给人以豪迈奔放、飘逸若仙感受的原因所在。

中华优秀传统文化·国际版·第四级

　　李白的诗歌对后代产生了极为深远的影响。唐代的韩愈、孟郊、李贺，宋代的苏轼、陆游、辛弃疾，明清的高启、杨慎、龚自珍等著名诗人，都受到李白诗歌的巨大影响。

廉 石

三国时期，孙权有个部下名叫陆绩，时任郁林太守。此人博学多才，为人正直，且为官清廉，深受当地百姓爱戴。

待到任期满，陆绩准备乘船返归江南故里时，发现除了简单行装和数箱书以外，竟然再无他物可带，以致船只太轻不胜风浪，难以入海航行。艄公说："你一家四口，行装不如一介寒士。船装得太轻，遇到狂风大浪，容易翻船，得想办法增加一些重量。"

于是，陆绩和家人买了一担笋干，装进两只大瓮，将大瓮放入船舱，可船依然吃水太浅，无法航行。不得已，他让人从岸边搬来一块巨石放在船舱，这才启航平安返乡。陆绩回到家乡后，心生感念，便请人将压船的石头运回家中，镌刻"郁林石"三字在石头上。

明朝弘治九年（1496），监察御史樊祉把这块巨石移入城内官衙中，取名"廉石"，让百官为诫。陆氏子孙也将"官无长物唯求石"这句话作为家训代代相传。

"廉石压舟"的佳话就这样流传千古。

中华优秀传统文化·国际版·第四级

经典诵读
歇后语

★ 老鼠过街——人人喊打

【释义】老鼠偷粮食，人们都很痛恨它，一见到老鼠，都纷纷喊打。比喻害人的东西，大家一致痛恨。

例句：如今谁要发动战争，必定是老鼠过街——人人喊打。

★ 一、二、五——丢三落四

【释义】"一、二、三、四、五"是数字顺序，"一、二、五"刚好缺失数字"三"和"四"。一般用来形容做事马虎粗心，不是丢了这个，就是忘了那个。

例句：你这一、二、五——丢三落四的毛病什么时候才能改正呢？

★ 包公断案——铁面无私

【释义】包公即包拯，北宋清官。他断案公正严明，不会因为任何原因徇私枉法。铁面：比喻刚直无私。铁面无私：形容公正严明；不讲情面。

例句：老师了解了班长和同学的矛盾后，狠狠地批评了做错事的班长，真是包公断案——铁面无私。

★ 百米赛跑——分秒必争

【释义】百米赛跑的比赛是用秒表计时决出胜负的，一分一秒也要争取。形容抓紧时间。

例句：他等车的一会儿时间都要拿出书阅读，真是百米赛跑——分秒必争呀！

中华优秀传统文化·国际版·第四级

通关检测

1. 被称为"诗仙"的是唐朝诗人（   ）。
A. 李白   B. 杜甫   C. 李商隐   D. 王维

2. 李白字太白，号（   ）。
A. 易安居士   B. 香山居士
C. 青莲居士   D. 六一居士

3. 连一连。

老鼠过街   丢三落四
一、二、五   人人喊打
包公断案   分秒必争
百米赛跑   铁面无私

歇后语补充积累

中国歇后语有很多，感兴趣的同学还可以再积累一些，运用到平时说话中，你的表达会更俏皮哦！

★ 三十六计——走为上计

★ 姜太公钓鱼——愿者上钩

★ 鸡蛋碰石头——自不量力

★ 八仙过海——各显神通

★ 仇人相见——分外眼红

★ 水仙不开花—— 装蒜

★ 狗拿耗子——多管闲事

★ 韩信点兵——多多益善

★ 画蛇添足——多此一举

★ 老将出马——一个顶俩

★ 王婆卖瓜——自卖自夸

★ 骑驴看唱本——走着瞧

★ 大姑娘坐轿——头一回

★ 泼出去的水——收不回

★ 老虎的屁股——摸不得

★ 老虎挂念珠——假慈悲

★ 司马昭之心——路人皆知

★ 老鼠进书箱——咬文嚼字

★ 老太太吃黄连——苦口婆心

★ 关公降曹操——身在曹营心在汉

★ 六月的雷阵雨——来得猛去得快

★ 竹筒倒豆子——一个不留

★ 孔明借东风——巧用天时

★ 小和尚念经——有口无心

★ 断线的风筝——无影无踪

★ 孙猴子的脸——说变就变

★ 砌墙的石头——后来居上

★ 七窍通六窍——一窍不通

★ 刘备借荆州——有借无还

★ 狗咬吕洞宾——不识好人心

★ 塞翁失马——因祸得福

★ 窗户边吹喇叭——名声在外

★ 丈二和尚——摸不着头脑

★ 有借有还——再借不难

★ 芝麻开花——节节高

★ 螃蟹过街——横行霸道

★ 新官上任——三把火

★ 蚕豆开花——黑心

★ 茶壶里煮饺子——道（倒）不出来

★ 大水冲了龙王庙——一家人不认一家人

★ 木匠吊线——睁只眼，闭只眼

★ 孙悟空大闹天宫——慌了神

★ 苦水里泡黄连——苦上加苦

★ 十五个吊桶打水——七上八下

★ 宰相肚里能撑船——宽宏大量

★ 黄鼠狼给鸡拜年——没安好心

★ 给了九寸想十寸——得寸进尺

★ 聋子见哑巴——不闻不问

★ 周瑜打黄盖——一个愿打一个愿挨

★ 三九天穿裙子——美丽动（冻）人

★ 蚊子找蜘蛛——自投罗网

★ 秀才遇到兵——有理说不清

中华优秀传统文化：国际版·第四级

第九章

国学知识

中华文明

瓷器、书法、国画、武术、中医等，发源于中国，具有鲜明的中国特色，是中国固有文化中的精华。我们把这样具有代表性、富有独特内涵而深受人们欢迎的文化遗产称为中国的"国粹"。

瓷 器

在英语中"中国"和"瓷器"是同一个单词，叫 China。瓷器最早叫作"chinaware"，意思是"中国瓦"，后来省略了"ware"。由此可见，中国是瓷器的故乡。

大约在公元前 16 世纪的商代中期，中国就出现了早期的瓷器。至宋代时，名瓷名窑已遍及大半个中国，是瓷业最为繁荣的时期。当时的汝窑、官窑、哥窑、钧窑和定窑并称为宋代五大名窑。被称为瓷都的江西景德镇在元代出产的青花瓷已成为瓷器的代表。青花瓷釉质透明如水，胎体质薄轻巧，洁白的瓷体上敷以蓝色纹饰，素雅清新，充满生机。青花瓷一出现便风靡一时，成为景德镇传统名瓷之冠。作为古代中国奢侈品特产之一，瓷器通过各种贸易渠道传到世界各个国家，精美的中国瓷器成为欧洲皇室和达官显贵们的珍藏。

中华优秀传统文化·国际版·第四级

美德故事

改过

　　改过就是改正过失或错误的行为。古语有云：人谁无过？过而能改，善莫大焉。所以犯错不可怕，只要知错能改，吸取教训，也是很棒的。

负荆请罪

　　战国时期，赵国因为拥有蔺相如和廉颇这两位人才，所以许多国家不敢轻易地出兵攻打赵国。

　　蔺相如多次为赵国立功后，被赵王封为上卿，位在廉颇之上。廉颇知道后非常不服，于是想方设法刁难蔺相如，想使蔺相如难堪。蔺相如不想起冲突，只是不断回避。

　　有一天，蔺相如坐车出门，远远地看见廉颇骑着马从对面走来，他赶紧叫车夫掉头往回走。蔺相如的门客对廉颇的行为非常气愤，蔺相如却说，自己连秦王都不怕，怎么会怕廉颇？秦国之所以不敢攻打赵国，是因为有自己和廉将军。

　　蔺相如的话传到了廉颇的耳朵里，廉颇羞愧不已。于是，他脱下战袍，背上荆条，到蔺相如府上请罪。蔺相如见到廉颇后，连忙热情地迎接。从此二人成为好朋友，齐心协力保卫赵国。

中华优秀传统文化·国际版·第四级

　　后来，"负荆请罪"这个词就形容主动向人认错、道歉，给予自己严厉责罚，表示向人认错赔罪。

谚语是流传于中国民间的比较简练的话语。多数反映了老百姓的生活实践经验，而且一般是经过口头传下来的。它的口语性强，通俗易懂。形式上多数是一两个短句，表达一个完整的意思。

★ 云下山，地不干。

★ 星星稀，好天气。

★ 燕子低飞要落雨。

★ 蚂蚁搬家，有雨要下。

为什么"燕子低飞要落雨"呢？原来是因为下雨前空气中的湿度很大，一些小虫子的翅膀被水珠沾湿了，无法飞得很高，只能在较低的地方飞行。而燕子为了多捉虫子，也会随之降低飞行高度，于是出现了雨前燕子低飞的现象。

1. 在英语中"（　　）"和"瓷器"是同一个单词。

A. 钟表　　B. 丝绸　　　C. 中国　　　D. 茶叶

2. 中国的"瓷都"是（　　）。

A. 北京　　B. 上海　　C. 景德镇　　D. 周庄

3. 连一连。

云下山　　　　　　　有雨要下

星星稀　　　　　　　好天气

蚂蚁搬家　　　　　　地不干

燕子低飞　　　　　　要落雨

国学知识 中华文明

第十章

武 术

武术是中国国粹之一，在中国有悠久的历史。武术的产生，缘起于中国远古祖先的生产劳动。人们在狩猎的生产活动中，逐渐积累了劈、砍、刺的技能。后来逐渐演变成了中国武术。

说到中国武术，我们总会想到武侠小说、电视剧、电影里的武林高手们飞檐走壁、横扫千军。其实，中国武术是一种以强身健体为主、搏击为辅的锻炼方式，没有小说里写得那样夸张。不过，中国武术也是很厉害的，有黄飞鸿、霍元甲、叶问等武学大师，也有很多武术高手在国际搏击类赛事中获得冠军。说到中国武术，不少人会想起李小龙。他是好莱坞首位华人主角，也是一位武学宗师，首次将中国功夫推广到全球。他不仅深受中国人喜爱，在全球也有许多的崇拜者。

学习武术不为争斗，只为强身护体。我们一定要体会武者的精神，由外转化为内，感悟武学的真意。

苏轼改对联

苏轼自幼天资聪颖且饱读诗书，不知不觉中就有些骄傲起来。有一次，他书写了一副对联贴在门上：

"识遍天下字，读尽人间书。"

此联虽是在说自己爱读书，但联中"识遍"与"读尽"，口气实在太大了。

有一天，一位老者拿出一本书向他请教。苏轼接过书一看，顿时就愣住了，书上的字他竟然一个都不认识！老者微微一笑，飘然而去。

苏轼感到惭愧，顿时明白：学问是无止境的，于是赶紧将对联改为："发奋识遍天下字，立志读尽人间书。"

从此后，苏轼发奋读书，最终成为一代大文豪。

苏轼是中国古代著名的大文豪，我们在第五级的"华夏名人"里会详细介绍他。

中华优秀传统文化·国际版·第四级

经典诵读

天气谚语

★ 天上钩钩云，地上雨淋淋。

★ 蚂蚁搬家蛇过道，明日必有大雨到。

★ 朝霞不出门，晚霞行千里。

中华优秀传统文化·国际版·第四级

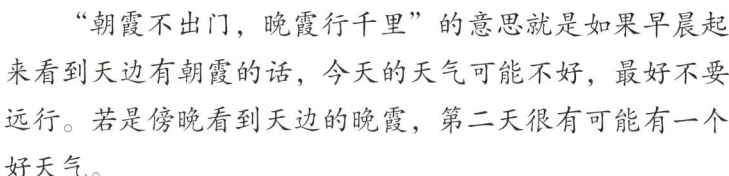

　　"朝霞不出门，晚霞行千里"的意思就是如果早晨起来看到天边有朝霞的话，今天的天气可能不好，最好不要远行。若是傍晚看到天边的晚霞，第二天很有可能有一个好天气。

1. （　　）是好莱坞首位华人主角，也是一位武学宗师，首次将中国功夫推广到全球。

A. 霍元甲　　　B. 叶问　　　C. 李小龙　　　D. 成龙

2. 学习武术是为了（　　　）。

A. 欺负别人　　　B. 强身护体　　　C. 飞檐走壁

3. 连一连。

天上钩钩云　　　　　　　晚霞行千里

朝霞不出门　　　　　　　明日必有大雨到

蚂蚁搬家蛇过道　　　　　地上雨淋淋

中华优秀传统文化：国际版·第四级

第十一章

国学知识

中华文明

书 法

　　"中国书法"是中国汉字特有的一种传统艺术。书法是中国的国粹之一，是中国文化的独特表现艺术，被誉为无言的诗、无形的舞、无图的画、无声的乐。中国书法有其独特的书写工具——笔、墨、纸、砚，它们被称为文房四宝。

　　书法艺术从甲骨文开始，历经2000多年的沿袭和发展，由金文、大篆到小篆，由篆书到隶书、楷书、行书、草书，各种形体逐渐形成。不同时期的书法艺术表现着不同时期的社会经济发展状况和人们的审美情趣，不同的字体也有着不同的审美价值。楷书代表作有颜真卿的《多宝塔碑》，行书代表作有王羲之的被誉为"天下第一行书"的《兰亭序》，草书代表作有怀素的《自叙帖》。

　　在第二级，我们已经了解了一些中国古代著名的书法家，知道了描摹、临写是学习书法的重要方法。在学习书法的过程中姿势正确也很重要，姿势一定要正，即头正、身正、手正。

柳公权戒骄成名

柳公权是唐代著名书法家，从小就显示出在书法方面的过人天赋，他写的字远近闻名，也因此有些骄傲。一天，柳公权和几个小伙伴在村旁的老桑树下摆了一张方桌，举行"书会"，约定每人写一篇大楷，互相观摩比赛。柳公权很快就写了一篇。一个卖豆腐的老人看到他写的是"会写飞凤家，敢在人前夸"，觉得这孩子太骄傲了，便皱皱眉头，说："这字写得并不好，好像我的豆腐一样，软塌塌的，没筋没骨，还值得在人前夸吗？"

柳公权一听，很不高兴地说："有本事，你写几个字让我看看。"老人爽朗地笑了笑，说："不敢，不敢，我是一个粗人，写不好字。可是，有人用脚都写得比你好得多呢！不信，你到华京城看看去吧。"

柳公权不相信，于是决定前往华京城看看。柳公权一进华京城，就看见北街一棵大槐树下挂着个白布幌子，上写"字画汤"三个大字，

字体苍劲有力，笔法雄健潇洒。树下围了许多人，他挤进人群去看，不禁惊得目瞪口呆。只见一个黑瘦老头，没有双臂，赤着双脚坐在地上，左脚压住铺在地上的纸，右脚夹起一支大笔，挥洒自如地在写对联。只见他运笔如神，笔下的字迹似群马奔腾，龙飞凤舞，博得围观看客们阵阵喝彩。

柳公权这才知道卖豆腐的老汉没有说假话，他惭愧极了。从此，他时时把"戒骄"记在心中，勤奋练字，虚心学习，终于成为一代书法大家。

经典诵读

农业谚语

★ 清明热得早，早稻一定好。

★ 清明前后，种瓜点豆。

★ 庄稼要好，肥料要饱。

★ 青蛙呱呱叫，正好种早稻。

清明不仅是二十四节气中唯一的传统节日，也是一个极重要的农事时间段。此时气温转暖，草木萌动，天气清澈明朗，万物欣欣向荣，正是种植各种农作物的好时候。

通关检测

1. 被称为"天下第一行书"的是王羲之写的（　　）。

A.《多宝塔碑》　　　B.《兰亭序》

C.《岳阳楼记》　　　D.《醉翁亭记》

2. （　　）是学习书法的重要方法。

A. 描摹、临写　　　B. 描摹　　　C. 临写

3. 连一连。

清明热得早　　　　　种瓜点豆

清明前后　　　　　　早稻一定好

庄稼要好　　　　　　正好种早稻

青蛙呱呱叫　　　　　肥料要饱

中华优秀传统文化·国际版·第四级

第十二章

国 学 知 识

中华文明

中 医

中医，一般指以中国汉族劳动人民创造的传统医学为主的医学，也称汉医。中医中药在中国古老的大地上已经有几千年的历史。几千年的临床实践，证实了中国的中医中药无论是在治病上、防病上，还是在养生上，确实是有效可行的。在西医未传入中国之前，我们的祖祖辈辈都用中医中药来治疗疾病，挽救了无数人的生命。

中医的诊疗方式有：望、闻、问、切。中医的治疗手段有：中药、针灸、推拿等。中医对亚洲国家影响深远，如日本汉方医学、韩国韩医学、朝鲜高丽医学、越南东医学等都是以中医为基础发展起来的。

大家还记得我们在第三级里介绍的那些中医名家吗？你能说出他们的名字和主要成就吗？

周处自新

周处年轻时，为人蛮横强悍，好打架斗殴，是当地一大祸害。义兴的河中有条蛟龙，山上有只白额虎，都常常祸害百姓。义兴的百姓称他们是三大祸害，其中周处最为厉害。

有人劝说周处去杀死猛虎和蛟龙，实际上是希望三个祸害互相残杀。周处先是杀死了老虎，又下河斩杀蛟龙。蛟龙在水中时沉时浮，周处就与蛟龙搏斗漂游了几十里。经过了三天三夜的鏖战，当地的百姓们都以为周处和蛟龙都死了，热烈地庆贺。

结果周处杀死蛟龙回来了。他听说乡里人以为自己死了正在庆贺的事情，才知道大家原来也把自己当作一大祸害。回想自己平日蛮横滋事，心生愧疚，有了悔改的心意。

于是周处便到吴郡去找陆机和陆云两位有修养的名人，当时陆机不在，只见到了陆云。他把事情和盘托出，并表示："自己想要改正错误，可是担心岁月已经荒废，怕最后没有什么成就。"陆云说："古人珍视道义，认为'哪怕是早晨明白了道理，晚上就死去也甘心'，况且你的前途是光明的。人最怕的就是没有志向，只要能立志，又何必担忧好名声不能传扬呢？"周处听后就改过自新，终于成为一名忠诚孝顺的人。

《周处自新》选自《世说新语》。《世说新语》由南朝宋文学家刘义庆编撰，是中国古代的经典寓言故事。此典故用来形容人从善如流，勇于改过自新。

★ 冬天麦盖三层被，来年枕着馒头睡。

★ 庄稼一枝花，全靠肥当家。

★ 立冬种豌豆，一斗还一斗。

★ 种瓜得瓜，种豆得豆。

你知道为什么冬天雪大反而有利于庄稼的生长吗？可以查找资料了解一下。

1. 中医，一般指以中国汉族劳动人民创造的传统医学为主的医学，也称（　　）。

A. 西医　　　B. 汉医　　　C. 韩医　　　D. 汉方医学

2. 望、闻、问、切是（　　）的主要诊断手段。

A. 中医　　　B. 西医

3. 连一连。

冬天麦盖三层被　　　　种豆得豆

庄稼一枝花　　　　　　一斗还一斗

立冬种豌豆　　　　　　全靠肥当家

种瓜得瓜　　　　　　　来年枕着馒头睡

第十三章

中华大地地大物博，不同的地方有不同的地方小吃，这些丰富多样的地方小吃都承载着当地山川气候、民风民俗以及地域文化。

云南米线

云南米线是中国云南最具风味特色的知名小吃之一，也是当地人最喜爱的食物之一。假如你是长期在外的云南人，回家第一件事必是先过米线瘾。云南人把米线的吃法发挥到了极致，烹调方法有凉、烫、卤、炒等，配料更是数不胜数。著名的有过桥米线、鳝鱼米线、大锅米线、豆花米线、砂锅米线等。

云南米线的起源有这样的说法：秦始皇攻打桂林的时候，由于当时北方士兵在桂林作战，吃不惯南方的米饭，因此人们把米磨成粉状并做成面条的形状，来缓解士兵的思乡之情。

云南米线又以"过桥米线"最为出名。除了米线，云南的特色美食还有鲜花饼、宣威火腿、石屏豆腐等。

龙抄手

龙抄手，是中国四川省成都市著名的传统小吃。"抄手"是四川人对馄饨的特殊叫法。1941年，"龙抄手"开设于成都悦来场，20世纪60年代后，迁至春熙路南段，迄今已有近70年的历史。

龙抄手的主要特色是：皮薄、馅嫩、汤鲜。抄手皮用的是特级面粉加少许配料，细搓慢揉，擀制成"薄如纸、细如绸"的半透明状。肉馅细嫩滑爽，香醇可口。龙抄手的原汤是用鸡、鸭和猪身上几个部位的肉熬煮而成，原汤又白、又浓、又香。

馄饨也称抄手或云吞，是中国人喜爱的小吃之一。除了龙抄手外，天津的锤鸡馄饨、湖州的大馄饨、绍兴的虾肉蒸馄饨、广州的鱼肉云吞、重庆的吴抄手、万县的海包面等，知名度也相当高。

中华优秀传统文化·国际版·第四级

美德故事

谦让

谦让是我们中华民族的传统美德。谦让就是谦虚地礼让或退让。谦让，不仅可以避免矛盾，更能拉近心与心的距离。

孔融让梨

古时候，有个叫孔融的孩子。他聪明好学，并且懂得礼貌。

有一次，家里吃梨，父亲让孔融先拿。孔融拿了一个最小的，父亲问他："你最先拿，怎么不挑最大的，反而拿最小的呢？"孔融说："我年龄小，应该拿最小的，大的应该留给哥哥吃。"父亲又说："那弟弟不是比你更小吗？弟弟应该吃最小的呀！"孔融摇摇头说："我比弟弟大，我是哥哥呀，我应该把大的梨留给弟弟吃。"父亲听了他的话，会心一笑，连连称赞："你真是个懂得谦让的好孩子呀！"

后来，孔融让梨的故事成为许多父母教育孩子的好例子。

中华优秀传统文化·国际版·第四级

经典诵读

生活谚语

★ 子不嫌母丑，狗不嫌家贫。

★ 若要人不知，除非己莫为。

★ 人不可貌相，海水不可斗量。

★ 远亲不如近邻，近邻不如门对门。

"人不可貌相，海水不可斗量。"意思就是不能只根据相貌、外表判断一个人，如同海水是不可以用斗去度量的。比喻不可根据某人的现状就低估他的未来。

中华优秀传统文化·国际版·第四级

通关检测

1. 过桥米线是（　　）的特色小吃。

A. 四川　　　B. 云南　　　C. 上海　　　D. 北京

2. 龙抄手是（　　）的特色小吃。

A. 昆明　　　B. 广州　　　C. 上海　　　D. 成都

3. 连一连。

子不嫌母丑　　　　　　除非己莫为

若要人不知　　　　　　狗不嫌家贫

人不可貌相　　　　　　近邻不如门对门

远亲不如近邻　　　　　海水不可斗量

中华优秀传统文化·国际版·第四级

第十四章

国学知识

九州风物

臭豆腐

臭豆腐在南方又称臭干子，是一种极具特色的中华传统小吃，具有"闻起来臭、吃起来香"的特点。长沙和南京的臭豆腐相当出名，台湾、浙江、上海、北京、武汉、玉林等地的臭豆腐也颇有名气。

关于臭豆腐的起源有这样一种说法：明太祖朱元璋出身贫寒，年少时当过乞丐和和尚。有一回因饿得无法忍受，拾起人家丢弃的过期豆腐，不管三七二十一，以油煎之，一口塞进嘴里，那种味道刻骨铭心。后来他当了军事统帅，军队一路胜利地打到安徽，高兴之余，命令全军共吃臭豆腐庆祝一番。臭豆腐之美名由此广为流传。

过去，臭豆腐普遍被认为是"不健康"的食物，如今，摇身一变成了好东西。据报道，臭豆腐中富含植物性乳酸菌，具有很好的调节肠道及健胃之效。

中华优秀传统文化：国际版·第四级

牛羊肉泡馍

牛羊肉泡馍古称"羊羹"，料重味醇，肉料汤浓，馍筋光滑，香气四溢，食后余味无穷，又有暖胃功能，是一味难得的高级滋补佳品。泡馍中的"托托馍"酥脆甘香，入汤不散。用餐之前，须把"托托馍"掰成碎块。掰馍讲究越小越好，这是为了便于汤的鲜味入馍。

牛羊肉泡馍是陕西的风味美食，尤以西安最享盛名。牛羊肉泡馍的由来与陕西地方的风土人情有很大的联系。陕西民风淳朴，崇尚劳动，疲劳之后，正需要泡馍这种食品来填饱肚子。陕西牛羊肉泡馍已成为陕西名食的"总代表"。

中华优秀传统文化：国际版·第四级

位于西安东大街的黎明牛羊肉泡馍馆，于1987年在原有牛羊肉泡馍的基础上，用海参、对虾、鸡片、羊肉等，做出了十多个品种的"泡馍宴"，风味各异，不仅好吃，也是艺术欣赏。不仅受到国内顾客的欢迎，就连英、美、法、日、德、俄等国的宾客也慕名光顾。

山羊过河

早晨，晴空万里，风和日丽。白山羊起床后伸了伸懒腰，准备去河对面的山坡上吃些嫩嫩的青草。

小河上只有一座独木桥。白山羊刚走到独木桥的中央，迎面走来一只黑山羊。白山羊理直气壮地说："我先上桥的，你赶快让开！"黑山羊一听生气了，说："别以为你说话声音大，就能吓退我。我还有事，赶快让开！"白山羊气得瞪大了双眼，厉声地说："我就不让！"于是，他们俩便吵了起来。

两只山羊谁也不让，越吵越激烈，黑山羊扑上去用头上的角对准了白山羊使劲儿地顶了上去，白山羊也不甘示弱地昂着头回击。只听"扑通、扑通"，白山羊和黑山羊都掉进了河里。

中国有两句古老的俗语"忍一时风平浪静，退一步海阔天空""临事让人一步，自有余地；临财放宽一分，自有余味"。仔细读一读这两句话，读懂后你一定会获益匪浅的。

★ 世上无难事，只怕有心人。

★ 树不修，长不直；人不学，没知识。

★ 一分耕耘，一分收获。

★ 不怕学问浅，就怕志气短。

　　"世上无难事，只怕有心人。"这句话的意思是只要你自己愿意下决心去做某件事情，那么任何的困难都是能够克服的。与这句话意思相近的谚语还有：世上无难事，只要肯登攀。

1．"闻起来臭，吃起来香"是特色小吃（　　）。

A．糖葫芦　　　B．臭豆腐　　　C．狗不理包子　　　D．春卷

2．牛羊肉泡馍是（　　）的特色小吃。

A．西安　　　B．兰州　　　C．上海　　　D．成都

3．连一连。

世上无难事　　　　　　　就怕志气短

一分耕耘　　　　　　　　一分收获

不怕学问浅　　　　　　　只怕有心人

中华优秀传统文化：国际版·第四级

第十五章

国学知识

九州风物

米　粉

　　米粉是中国南方地区的一种特色小吃，以大米为原料，并不是将其研磨成粉状，而是经浸泡、蒸煮和压条等工序制成条状、丝状米制品。

　　米粉的口感"柔绵筋骨"，入口较为黏糯。不同地区流行的米粉吃法和作料配制都不相同，各具特色。四川绵阳的米粉相当辣，一碗汤几乎是红色；江西抚州的米粉具有久煮不糊、久炒不烂的特点；湖南常德米粉配菜丰富，常见的配菜有牛肉丝、牛杂、羊肉片、卤蛋、羊肚片等10多种。

　　江西米粉、桂林米粉和台湾新竹出产的米粉都很有名气，湖头米粉在东南一带颇有名气，绵阳米粉在四川一带大有名气，等等。

刀削面

2010 年上海世博会，太原全晋会馆的飞刀削面吸引了众多中外游客。在这场举世瞩目的盛会中，山西面食师傅为海内外游客展示了中国面食的独特魅力。刀削面是一种中国山西省的特色传统面食，刀削面全凭刀削，因此得名。用刀削出的面片，中间厚两边薄，棱锋分明，形似柳叶。刀削面入口外滑内筋，软而不黏，越嚼越香。它的调料也是多种多样的，有番茄酱、肉炸酱、羊肉汤、金针木耳鸡蛋打卤等，都深受喜食面食者欢迎。

刀削面之奥妙在刀功。刀，一般不使用菜刀，要用特制的弧形削刀。操作时左手托住揉好的面团，右手持刀，手腕要灵活，出力要平，用力要匀，对着汤锅，嚓、嚓、嚓，一刀赶一刀，削出的面叶落入汤锅，汤滚面翻，仿佛银鱼戏水，煞是好看。高明的厨师，每分钟能削 200 刀左右，每个面叶的长度，恰好是 6 寸。吃面前，能够参观厨师削面，无异于欣赏一次艺术表演。

刀削面与北京的炸酱面、河南的烩面、湖北的热干面、四川的担担面，统称为中国五大面食，享有盛誉，是山西美食最具代表性的名片之一。

中华优秀传统文化·国际版·第四级

美德故事

谦让

六尺巷的故事

清康熙年间，张英担任文华殿大学士、礼部尚书。桐城的老宅与吴家为邻，两家府邸间有一空地，供双方交通往来，一直以来两家和睦相处，相安无事。

后来，邻居吴家建房想占用空地，张家不同意，双方打起了官司。在这期间，张家人写信给张英，要求他出面制止此事。张英收到信件后，认为远亲不如近邻，应该谦让，给家里回信写了四句话："千里来书只为墙，让他三尺又何妨？万里长城今犹在，不见当年秦始皇。"

家人阅罢，明白他的意思，主动让出三尺空地。吴家见状，大为感动，也主动让出三尺房基地，这样就形成了一个六尺的巷子。两家礼让之举被传为佳话。

中华优秀传统文化：国际版·第四级

这个故事是不是和我们在第二级里学习的《仁义胡同》很像？六尺巷，就在中国安徽省桐城市，全长100米、宽2米，建成于清朝康熙年间，巷道两端立石牌坊，牌坊上刻着"礼让"二字。

经典诵读

生活谚语

★ 饥不乱食，渴不暴饮。

★ 指甲常剪，疾病不染。

★ 常洗衣服常洗澡，常晒被褥疾病少。

★ 旱天未到先修塘，疾病未来先预防。

　　"旱天未到先修塘，疾病未来先预防。"这句话告诉我们做事要有预见性，要提前做好准备。和这句话意思差不多的还有未雨绸缪、防患于未然、有备无患等。

通关检测

1.米粉是以（   ）为原料。

A. 小麦　　B. 高粱　　C. 大米　　D. 小米

2.刀削面是（   ）的特色小吃。

A. 太原　　B. 兰州　　C. 桂林　　D. 成都

3.连一连。

饥不乱食　　　　　　渴不暴饮

指甲常剪　　　　　　疾病不染

常洗衣服常洗澡　　　疾病未来先预防

旱天未到先修塘　　　常晒被褥疾病少

中华优秀传统文化·国际版·第四级

第十六章

狗不理包子

　　狗不理包子是中国天津的一道闻名中外的传统小吃，该小吃由面粉、猪肉等材料制作而成，始创于1858年，至今有100多年历史，为"天津三绝"之首，是中华老字号之一。狗不理包子的面、馅选料精细，制作工艺严格，外形美观，特别是包子褶花匀称，每个包子都不少于15个褶。

　　刚出笼的包子，鲜而不腻，清香适口。狗不理包子以鲜肉包为主，兼有三鲜包、海鲜包、酱肉包、素包子等6大类、98个品种。

　　狗不理包子的创始人高贵友的乳名是"狗子"。据说他的包子生意十分兴隆，高贵友常常忙得顾不上跟顾客说话，这样一来，吃包子的人都戏称他"狗子卖包子，不理人"。久而久之，人们都叫他"狗不理"，把他所经营的包子称作"狗不理包子"。

酸辣粉

酸辣粉起源于四川川西一带，是四川、重庆、贵州等地的传统特色小吃。从名字就能看得出来，它的味道有酸有辣，十分美味。

酸辣粉是纯天然绿色食品，主粉由红薯、豌豆按最佳比例调和，然后由农家用传统手工漏制而成。正宗的酸辣粉具有两个基本特点：一是粉要软而有韧性、柔而有劲道，外表晶莹剔透；二是味道麻、辣、鲜、香、酸，汤色红亮，油而不腻，即要能达到麻而不苦，辣而不燥，鲜而纯正，吃完后唇齿留香。

除了酸辣粉，肥肠粉也是中国四川省成都市的传统名小吃，主要材料有红薯粉，辅料有肥肠、菜籽油、干红辣椒、花椒、酥黄豆等。肥肠粉麻辣鲜爽，色红味美，方便食用，是深受人们喜欢的美食。其中，成都市双流区的白家肥肠粉便十分出名。

难 题

古时候，有个皇帝决定奖赏臣子们每人一只羊。但那些羊大小不一、肥瘦不均，要怎样分配才不至于引发争议呢？皇帝把这个"难题"抛给了手下的臣子们，让他们自己去商量。

第二天早朝时，百官们口若悬河，各抒己见，向皇帝提出了很多分羊的办法。正当百官争论得面红耳赤时，宰相默默地来到圈羊的地方，把其中一只最瘦、最小的羊牵走了。大家恍然大悟，明白了其中的道理。

于是，在互相谦让中，大家很快地把羊分了下去。

学会谦让，生活中有时候会少很多争端、很多麻烦。

经典诵读

生活谚语

★ 一颗牙齿坏，满口牙受害。

★ 饭前洗手，饭后漱口。

★ 有病早治，省钱省事。

★ 吃药不忌嘴，跑断太医腿。

中医讲究"忌口"，就是服药期间，有的食物是不能吃的。中医认为，在使用中药防病治病时，根据疾病的性质，提出不同的饮食禁忌，可以达到更好的治疗效果。

1. 狗不理包子是（ ）的特色小吃。

A. 北京　　　B. 天津　　　C. 四川　　　D. 福建

2. 酸辣粉是（ ）的特色小吃。

A. 太原　　　B. 天津　　　C. 重庆　　　D. 成都

3. 连一连。

一颗牙齿坏　　　　　　饭后漱口

饭前洗手　　　　　　　满口牙受害

有病早治　　　　　　　省钱省事

吃药不忌嘴　　　　　　跑断太医腿

中国历史古都
The ancient capitals of China

赫赫京都千百年
——北京

北京，简称京，是一座有着 3000 多年历史的古都。它拥有许多别名：燕京、幽州、大都、北平、京师、京兆等，先后成为辽陪都、金上都、元大都、明清国都，1949 年 10 月 1 日成为中华人民共和国首都。北京城的建筑，是以一条纵贯南北的中轴线为依据进行布设的，有着数不清的名胜古迹，且大多保存完好，极具历史价值。

一日看尽长安花
——西安

西安，现在是陕西省省会，古称长安、镐京，地处关中平原中部，是中华文明和中华民族重要发祥地之一。自西周起 13 个王朝在此建都，是世界历史名城。唐代大诗人孟郊直到 46 岁时，终于进士及第。他便用"春风得意马蹄疾，一日看尽长安花"来表达当时愉快的心情，这里的长安就是西安。

中华优秀传统文化：国际版·第四级

金陵帝王州

——南京

南京，现在的江苏省省会，拥有着 7000 多年文明史和近 2600 年建城史，"有六朝古都""十朝都会"之称，是中华文明的重要发祥地之一。南京的别称很多，有金陵、建业、建康、石头城等。

汴水东流无限春

——开封

开封是河南省地级市，简称汴，古时称东京、汴京、汴梁、汴州、大梁等，先后有夏、后晋、后周、北宋等在此建都。开封是首批中国历史文化名城，中国八大古都之一。关于北宋开封的繁华盛景，最著名的就是《清明上河图》，它像一部纪录片，真实生动地展现了 800 年前北宋东京的生活情景和社会风貌。

中华优秀传统文化·国际版·第四级

千年王气浮清洛

——洛阳

洛阳古称雒阳、豫州，因地处洛河之阳而得名。洛阳有 4000 年的建城史，是华夏文明的发源地之一。先后有十多个王朝在洛阳建都，是中国建都最早、历史最长的都城，有"千年帝都"之称。"龙门石窟""洛阳水席""洛阳牡丹""唐三彩"被称为洛阳三绝一宝。洛阳的文学气息也十分浓厚，与西晋时著名的文学家左思有关的"洛阳纸贵"的典故就出自这里。

九天开出一成都

——成都

成都是四川省省会，又称蓉城、锦城。成都位于四川盆地西部，是成都平原的腹心地带，境内地势平坦、河网纵横、物产丰富、农业发达，自古享有"天府之国"的美誉。成都物产丰富，名胜古迹遍布于市，文化气息浓厚，是一座集历史与现代于一身的城市。

中国文化名城

Samous cultural cities in China

吴中好处是苏州

——苏州

苏州，古称吴，简称为苏，又称姑苏、平江等，位于江苏省东南部，东临上海，南接嘉兴，西抱太湖，北依长江。"上有天堂，下有苏杭"，苏州是闻名天下的"鱼米之乡""丝绸之府"。13世纪的《马可·波罗游记》将苏州赞誉为东方威尼斯。

千年历史风和雨

——平遥古城

平遥古城位于中国山西省中部平遥县内，始建于西周宣王时期（公元前 827 年 ~ 前 782 年）。平遥古城是中国仅有的以整座古城申报世界文化遗产获得成功的两座古城市之一（另一座是丽江古城）。平遥城墙总周长 6163 米，墙高约 12 米，把面积约 2.25 平方千米的平遥县城一隔为两个风格迥异的世界。城墙以内街道、铺面、市楼保留明清形制，城墙以外称新城。这是一座古代与现代建筑各成一体、交相辉映、令人遐思不已的佳地。

古国城楼迷雾霭

——大理古城

大理古城简称叶榆，又称紫城。位于云南省西北部，居于苍山之下，洱海之滨。古城占地面积约 3 平方千米。大理历史悠久，是云南文化发祥地之一。"风花雪月"是大理有名的四景，具体是：下关风、上关花、苍山雪、洱海月。这四景也各自都有动人的传说。

古镇饮江南
——周庄

周庄古镇位于上海、苏州、杭州之间，有"中国第一水乡"之誉。古镇四面环水，人们在镇上往来，都需要乘船。作为中国优秀传统文化杰出代表的周庄，是吴地文化的摇篮，江南水乡的典范。周庄的茶文化历史悠久，其中尤以"阿婆茶"最为著名。俗话说"未吃阿婆茶，不算到周庄"。

月明乌镇桥边夜
——乌镇

乌镇是江南水乡六大古镇之一，享有"鱼米之乡，丝绸之府"之称。古风犹存的东、西、南、北四条老街呈"十"字交叉，构成双棋盘式河街平行、水陆相邻的古镇格局。这里的民居宅屋傍河而筑，街道两旁保存了大量的明清建筑，镇上的西栅老街是中国保存最完好的明清建筑群之一。

凤凰城里凤凰游
——凤凰古镇

凤凰古城位于湖南省湘西土家族苗族自治州西南部。古镇因背依的青山酷似一只展翅欲飞的凤凰而得名。这里是典型的少数民族聚居区，与云南丽江古城、山西平遥古城相媲美，有"北平遥，南凤凰"的美称。凤凰有古八景，其中有一景为"溪桥夜月"，"溪桥"即虹桥，是凤凰最大的古桥。

中华优秀传统文化：国际版·第四级

H中国历史名关
Historical passes of China

幽蓟东来第一关
——山海关

天下第一关——山海关，位于辽西走廊，始建于明洪武十四年（1381年），因其左濒燕山，右临大海，故取名山海关。山海关是万里长城起点的第一道雄关,和陕西潼关并列俗称"天下第一关"。它还有"边郡之咽喉，京师之保障"之称。关城外部与长城相连，内外结合，形成完整的防御体系。

天下第一雄关
——嘉峪关

嘉峪关，是万里长城西端的重要关隘，位于甘肃省嘉峪关市，与山海关、镇北关一起，成为"长城三大奇观"，号称"天下第一雄关"，是中国规模最大的关隘。它依山傍水，地势天成，由内城、外城和城壕组成，与长城连为一体，做到了多重防御、攻守兼备。

中华优秀传统文化：国际版·第四级

春风不度玉门关
——玉门关

　　玉门关位于甘肃省玉门市的赤金镇，早在西汉武帝时期这里就已经设置了关卡，名曰玉门关。自古以来玉门关就是中国通向西域的重要关卡，就是它守护着大名鼎鼎的丝绸之路。这里的环境实在恶劣，黄沙遍地，荒无人烟，草木不生，连野生动物都很罕见，属于苦寒之地。

　　此外，中国的名关还有剑门关、潼关、雁门关、居庸关、函谷关等。

中国著名思想家
Famous Chinese thinkers

逍遥大鹏
——庄子

庄子是战国中期道家学派的代表人物，跟老子并称"老庄"。他生性潇洒，不拘小节，向往自由自在的生活。他把自己对理想生活的思考凝成一篇《逍遥游》，把自己想象成一只大鹏鸟在天空自在地翱翔。庄子的想象力极为丰富，语言运用自如，能把微妙的哲理说得引人入胜。

为反战而战的思想家
——墨子

战国时期的思想家墨子，创立了墨家学派，反对"非正义的兼并战争"。他提出的："（兼爱）人与人之间平等的相爱，（非攻）反对侵略战争"等十项主张对后世影响很深。他还创立了以几何学、物理学、光学为突出成就的一整套科学理论。在当时"百家争鸣"时期，墨家有"非儒即墨"之称。

韩非囚秦
——韩非子

韩非，又称韩非子，先秦七子之一，是法家学派的代表人物。法家是中国历史上提倡以法治为核心思想的重要学派，以富国强兵为己任，法家主张以法为本、依法治国。韩非是文笔流畅的优秀作家，为后世留下了大量言论及著作，著有《韩非子》。

豆　蔻

豆蔻年华是指女子 13 岁。豆蔻花未大开时就显得非常丰满，故俗称为"含胎花"，因此也就成为少女的象征。唐朝大诗人杜牧写了一首名叫《赠别诗二首之一》的诗："娉娉袅袅十三余，豆蔻梢头二月初。春风十里扬州路，卷上珠帘总不如。" 从此以后，许多诗人都用豆蔻来形容十三四岁的女孩子。

弱　冠

弱冠泛指男子 20 岁，古时候，不论男女都要蓄留长发的，等他们长到一定的年龄，要为他们举行一次"成人礼"的仪式。男子的"成人礼"是行冠礼，就是把头发盘成发髻，叫作"结发"，然后再戴上帽子，表示已经成年了。又因为男子在 20 岁时虽然已经成年，但身体不是很强壮，还比较年少，所以叫"弱冠"。

而　立

而立是指人 30 岁，三十而立是指人到了 30 岁时，应该确定自己的人生目标与发展方向。这个人生目标和发展方向，古人认为"立"应该是"立德、立功、立言"，此三者是虽久不废、流芳百世的，称为"三不朽"。

不　惑

　　"不惑之年"是指人到40岁。"不惑"是指遇到事情能明辨而不疑惑。"不惑之年"就是指人到中年，经历了很多事情，也想通了很多事情，相对来说不会像青年时期那样困惑了。因此"不惑之年"是代指人到了40岁左右。

天　命

　　"天命之年"指人50岁左右。"知天命"不是听天由命、无所作为，而是谋事在人，成事在天，竭尽自己的全力去做事情，但是不去管这件事情最后能否成功，听从上天的安排。50岁之后，虽然仍是"发愤忘食""乐以忘忧"，但是不再计较个人荣辱得失了。

花　甲

　　花甲，指60岁。花甲一词出自中国古代历法，以60年为一循环，一循环称为一甲子，又因干支名号繁多且相互交错，又称花甲。

　　又一种说法是，人的指甲根部有一道白色的痕迹，到了60岁，随着身体愈加衰老，这道白痕就会消失不见，故而称作"花甲"。当然也有例外的，比如身体好的人超过60岁，白痕还在，而有的人身体衰弱，未到60岁也有可能没有白痕。

　　此外，不满周岁——襁褓；2～3岁——孩提；幼年泛称——总角；10岁以下——黄口；13～15岁——舞勺；70岁——古稀；80岁——杖朝；80～90岁——耄耋；100岁——期颐。

中华优秀传统文化：国际版·第四级

冠亚季

现代中国常常将比赛中成绩最佳者称冠军，第二名称亚军，第三名称季军。冠亚季的称号来源于中国古代军队。古楚国有一位大将宋义，战功赫赫，位居诸将之上，获得一个光荣的称号："卿子冠军"。亚是次一等的意思，也就是低于冠军的优胜者。"季军"指名次低于冠军、亚军的优胜者，是指竞赛的第三名。

伯仲叔季

中国古代对兄弟姐妹的排行很有讲究。以伯、仲、叔、季来表示兄弟间的排行顺序，伯为老大，仲为老二，叔为老三，季排行最小。并且古人是把女儿和儿子分出来排行的，兄弟之间有排行，姊妹之间需要单独排行，不与兄弟之间交叉排列。

状元、榜眼、探花

科举制度是中国历代封建王朝通过考试选拔官吏的一种制度。状元、榜眼、探花分别是科举考试中最后的第一、第二、第三名。状元是中国科举制度中的最高荣誉，这一名词是中国历史上唯一的女皇帝武则天的发明和创造，至今仍在广泛使用。

此外，古时候的中国人还喜欢用"甲乙丙丁"和《千字文》来进行排序。

中国名篇名著
Famous Chinese masterpieces

"史家之绝唱，无韵之《离骚》"
——《史记》

《史记》是西汉史学家司马迁撰写的纪传体史书，是中国历史上第一部纪传体通史。与《汉书》《后汉书》《三国志》合称为"前四史"，被鲁迅称为"史家之绝唱，无韵之《离骚》"。《史记》还被认为是一部优秀的文学著作，在中国文学史上有重要地位，有很高的文学价值。

魏、蜀、吴三国鼎立齐争霸
——《三国志》

《三国志》是由西晋史学家陈寿所著，是一本纪传体国别史史书。它完整地记叙了自汉末至晋初近百年间中国由分裂走向统一的历史全貌，人们喜爱的历史章回体小说《三国演义》也是在其基础上进行改编，"七分实三分虚"。《三国志》是二十四史中评价最高的"前四史"之一。

中国科学史上的里程碑
——《梦溪笔谈》

《梦溪笔谈》是北宋科学家、政治家沈括所著。因为作者沈括在梦溪园完成该作品，所以取书名为《梦溪笔谈》。《梦溪笔谈》是一部涉及古代中国自然科学、工艺技术及社会历史现象的综合性笔记体著作。英国科学史家李约瑟评价它为"中国科学史上的里程碑"。

读万卷书 行万里路
——《徐霞客游记》

《徐霞客游记》是明代地理学家徐霞客创作的一部散文游记。书中记载了徐霞客在游历中所经历和观察到的各种地理现象、自然规律、气候状况、动植物情况，乃至少数民族地区的风俗习惯、经济状况等，具有较高的科学价值，同时文字优美，比喻贴切，文学价值也十分突出。

旷世奇作
——《山海经》

《山海经》成书于汉代初中期，是中国一部记述古代志怪的古籍，内容无奇不有，无所不包，蕴藏着丰富的地理学、神话学、民俗学、科学史、宗教学、民族学、医学等学科的宝贵资料，其中的矿物记录，更是世界上最早的有关文献。《精卫填海》《夸父逐日》等神话故事最初就收藏在《山海经》中，充满神奇色彩。

文言志人小说集
——《世说新语》

《世说新语》是南朝时期所作的文言志人小说集，由南朝宋临川王刘义庆组织一批文人编写，又名《世说》。它是中国魏晋南北朝时期"笔记小说"的代表作，全书共有 1200 多则，每则文字长短不一，有的数行，有的三言两语。因为书中的故事都是以表现人物为主，所以说它是"志人小说"。

此外，中国古代名著还有《三国演义》《红楼梦》《水浒传》《西游记》《聊斋志异》《水经注》《离魂记》《窦娥冤》《搜神记》等。

中国名茶
Chinese famous tea

茶新香更细　鼎小煮尤佳

——西湖龙井

西湖龙井，属绿茶，中国十大名茶之一，产于浙江省杭州市西湖龙井村周围群山，具有 1200 多年历史，是皇帝的"御茶"。西湖龙井茶，外形扁平挺秀，色泽绿翠，内质清香味醇，泡在杯中，芽叶色绿，素以"色绿、香郁、味甘、形美"四绝称著。

白毫显露鱼叶嫩　金黄芽片显分明

——黄山毛峰

黄山毛峰是中国十大名茶之一，属于绿茶，产于安徽省黄山一带，又称徽茶。据说黄山茶可追溯到 1200 年前的盛唐时代。每年清明谷雨，选摘良种茶树"黄山种""黄山大叶种"等的初展肥壮嫩芽，手工炒制。该茶状似雀舌，绿中泛黄，汤色清碧微黄，香气如兰。

洞庭无处不飞翠　碧螺春香万里醉

——苏州碧螺春

碧螺春是中国传统名茶，属于绿茶类，已有 1000 多年历史，在当地民间叫吓煞人香。它产于江苏省苏州市吴县太湖的洞庭山一带，炒成后的干茶条索紧结，卷曲成螺，产于春季，故名"碧螺春"，又称"洞庭碧螺春"。据说，此茶冲泡后杯中白云翻滚，清香袭人，因此在唐朝时就被列为贡品。

头汤呷罢津津味　底蕴超然淡淡真
——安溪铁观音

铁观音是福建安溪茶，属于乌龙茶类，是中国十大名茶之一。因为这茶是观音托梦得到的，便取名"铁观音"。铁观音叶形椭圆，嫩芽紫红色，因此有"红芽歪尾桃"之称。铁观音属于半发酵茶类，具有抗衰老、抗动脉硬化、清热降火等功效。

禅心净土出上品　仙风圣水育名茶
——庐山云雾

庐山云雾茶是中国名茶系列之一，属于绿茶的一种。庐山云雾茶始于汉朝，宋代列为"贡茶"，因产自中国江西省九江市的庐山而得名。通常用"六绝"来形容它，即"条索粗壮、青翠多毫、汤色明亮、叶嫩匀齐、香凛持久、醇厚味甘"。

仙芽拨动巧分香　玉指纤纤引兴长
——白毫银针

白毫银针是中国十大名茶，素有茶中"美女""茶王"之美称。白毫银针创制于清嘉庆初年，原产地在福建。由于鲜叶原料全部是茶芽，制成茶后，形状似针，色白如银，因此命名为白毫银针。茶叶分为绿茶、红茶、青茶、白茶、黄茶和黑茶六大茶系，白毫银针属于白茶。

御赐红袍岩韵袅　人间玉碗漾朱波
——武夷岩茶

武夷岩茶是中国传统名茶，产于福建武夷山一带，具有绿茶之清香，红茶之甘醇，是中国乌龙茶中的极品。"晚甘侯"是武夷岩茶的别名，唐代民间就已作为馈赠佳品，宋、元时期被列为"贡品"。武夷岩茶主要品种有武夷水仙、大红袍等，其中最著名的是"茶中之王"大红袍茶。

香陈九畹芳兰气
——云南普洱茶

普洱茶主要产于云南省的西双版纳、普洱等地区。普洱茶距今有3000多年的悠久历史。乾隆皇帝发现贡茶中有一种茶饼如三秋之月，汤色红浓明亮，赐名为"普洱茶"。从此，普洱茶岁岁入贡，历经200年不衰。皇宫中"夏喝龙井，冬饮普洱"也成为一种时尚和传统。

茶礼有缘　古已有之
——饮茶礼仪

中国是茶的故乡，有4700多年的种茶历史，拥有独特的饮茶风俗和严格的敬茶礼节：上茶前茶具要清洁，沏茶时第二杯茶给客人喝，茶水七分满，端茶时用双手，上茶时面带微笑，右手端茶，从客人的右方奉上。客人多时遵循先客后主、先女后男、先长辈后晚辈的原则。